Ammar Wisam Altaher

Tecnologia WAP de M-learning adaptativo: Modelos e análise estatística

Ammar Wisam Altaher

Tecnologia WAP de M-learning adaptativo: Modelos e análise estatística

ScienciaScripts

Imprint
Any brand names and product names mentioned in this book are subject to trademark, brand or patent protection and are trademarks or registered trademarks of their respective holders. The use of brand names, product names, common names, trade names, product descriptions etc. even without a particular marking in this work is in no way to be construed to mean that such names may be regarded as unrestricted in respect of trademark and brand protection legislation and could thus be used by anyone.

Cover image: Disponibilizado pelo autor

This book is a translation from the original published under ISBN 978-613-9-81702-3.

Publisher:
Sciencia Scripts
is a trademark of
Dodo Books Indian Ocean Ltd. and OmniScriptum S.R.L publishing group

120 High Road, East Finchley, London, N2 9ED, United Kingdom
Str. Armeneasca 28/1, office 1, Chisinau MD-2012, Republic of Moldova, Europe
Printed at: see last page
ISBN: 978-620-8-01642-5

Conteúdo

Prefácio

O objetivo deste trabalho é clarificar o conceito de aprendizagem adaptativa na educação ou na formação, utilizando a tecnologia e os dados para fornecer um programa de aprendizagem personalizado aos alunos, adaptando-se de forma inteligente às suas necessidades de aprendizagem.

Na era da informação, todos estão a correr para acompanhar as inovações tecnológicas emergentes que tornam a vida mais luxuosa e mais fácil. Nesta era de reforma educativa, muitas instituições de ensino estão a esforçar-se por digitalizar a educação, o e-learning, o ensino à distância, o mobile afternoon learning ou o chamado (mobile learning), uma tecnologia que permite adquirir conhecimentos a qualquer hora e em qualquer lugar.

Prefácio

Neste livro, tentamos destacar a educação móvel como uma nova forma de sistemas de educação à distância, que se caracteriza pela separação espacial e temporal entre o professor e os alunos. A aprendizagem móvel, uma nova linguagem, é um termo que se refere à utilização de dispositivos portáteis no processo educativo. Este termo centra-se na utilização da tecnologia disponível com comunicações sem fios para fornecer informações fora da sala de aula, este livro tem como objetivo servir de guia para a aprendizagem adaptativa. Este livro tem como objetivo servir de guia para a aprendizagem adaptativa, bem como descrever os aspectos internos da própria aprendizagem adaptativa.

Panorama e organização

Este livro está dividido em quatro partes. A primeira parte descreve a APRENDIZAGEM ADAPTATIVA: REVISÃO DE MODELOS DE RECOMENDAÇÃO PESSOAL, enquanto a segunda parte analisa a Aprendizagem Móvel, a Educação tornou-se mais acessível, e a terceira parte foi a Tecnologia de aprendizagem móvel colaborativa e interactiva na educação. A última parte foi a análise estatística para o desenvolvimento de tecnologia M-Learning WAP para a comunidade estudantil na educação, alguns desses trabalhos já foram publicados em muitas revistas científicas, tais como: Национальная ассоциация ученых (НАУ) *#6* (33), 2017 , МЕТОДЫ НАУКИ Наунопрактический журнал №3 / 2017 , НАПРАВЛЕНИЯ И МЕХАНИЗМЫ РАЗВИТИЯ НАУКИ НОВОГО ВРЕМЕНИ : ОТ ТЕОРИИ ДО ВНЕДРЕНИЯ РЕЗУЛЬТАТОВ Санкт- Петербург, 24-25 марта 2017 г. , УСПЕХИ СОВРЕМЕННОЙ НАУКИ Том 1, №6, 2017 , todos na Rússia

Agradecimentos

Em nome de Deus, o Clemente, o Misericordioso

Comecei a escrever este livro no final do terceiro ano do meu doutoramento. Em primeiro lugar, louvo Alá, o Todo-Poderoso, de quem dependemos para o nosso sustento e orientação. Wisam Altaher, cuja orientação, apoio atencioso e comentários construtivos marcaram a minha vida, estou eternamente grato à minha família, à minha mãe e aos meus irmãos, à minha adorável esposa, a Dra. Samah Hassen, que espero que viva comigo dias floridos, e ao pedaço do meu coração, o meu filho Ridha, ao meu orientador de tese, o Dr. Nail Bukharaev, a todos aqueles cujos nomes não aparecem aqui e que contribuíram para a realização deste estudo.

Primeira parte

Tecnologia WAP de aprendizagem móvel adaptativa: modelos e análise estatística

Introdução

O ensino superior é notoriamente lento a adaptar-se à mudança. Apesar da sua posição de status quo no ensino superior, a visão pedagógica de que o ensino deve ter lugar na sala de aula tradicional há muito que foi posta em causa. As tecnologias de aprendizagem adaptativa, um tema quente entre os especialistas do ensino superior, parecem ter-se desenvolvido na sua esteira.

Definição de aprendizagem adaptativa

O princípio básico da aprendizagem adaptativa é utilizar a tecnologia para melhorar a educação e a formação, fornecendo programas de aprendizagem individualizados aos alunos com base em dados recolhidos antes e durante o processo de aprendizagem. As melhores plataformas de aprendizagem adaptativa utilizam alguma forma de extração de dados para desenvolver conteúdos de aprendizagem optimizados para os alunos com base nas suas necessidades de aprendizagem. A plataforma utiliza os dados que recolhe continuamente quando um aluno interage com o conteúdo de aprendizagem.

Graças à aprendizagem adaptativa, cada aluno beneficia de uma experiência de aprendizagem altamente personalizada, o que deverá conduzir a resultados de aprendizagem muito melhores.

Os sistemas de gestão da aprendizagem (LMS) generalizaram-se nas comunidades de ensino devido às suas interfaces de fácil utilização para organizar os conteúdos existentes, criar novos conteúdos e, por fim, distribuí-los aos alunos através da Web. Apesar das suas melhorias, a funcionalidade de todos os sistemas de gestão da aprendizagem disponíveis no mercado não permite que o professor tire partido da informação do utilizador que ultrapassaria o problema do "tamanho único" dos cursos baseados na Web. Além disso, estudos no domínio do design instrucional [1] mostram como o paradigma do ensino adaptativo tem sido, e continua a ser, uma caraterística comum em situações de ensino quotidianas: um professor numa sala de aula adapta naturalmente o seu objetivo de aprendizagem, estilo de apresentação, estratégia de ensino, linguagem para satisfazer as necessidades da turma, então porque não pode isto acontecer em linha?

A Conceção da Aprendizagem (CA) consiste na identificação das actividades de aprendizagem necessárias e na atribuição de Objectos de Aprendizagem (OA) a essas actividades, a fim de atingir um objetivo de aprendizagem específico. Especificação de Conceção de Aprendizagem IMS (IMS-LD)

[1] fornece um conjunto comum de conceitos para representar o LD, permitindo que o LD seja especificado para diferentes situações de aprendizagem, com base em diferentes teorias pedagógicas, compreendendo diferentes actividades de aprendizagem em que os alunos e os professores podem desempenhar muitos papéis, e realizado em diferentes ambientes de aprendizagem. No entanto, nem o IMS LD nem outras especificações de aprendizagem (por exemplo, IEEE LOM) contêm informação suficiente que possa ser utilizada para fornecer níveis avançados de personalização do processo de aprendizagem, como a personalização de acordo com os objectivos, estilos de aprendizagem e níveis de conhecimento dos alunos. Como resultado, as anotações desenvolvidas de LO e LD não contêm informações explicitamente representadas que são importantes para a personalização. Para que a personalização seja efectiva, é necessário

[2]: 1) acesso direto às unidades de conteúdo de baixa granularidade que constituem a estrutura de um LO ;

2) Reconhecimento do papel pedagógico desempenhado por cada unidade de conteúdo num contexto específico (ou seja, a atividade de aprendizagem em termos de IMS LD);

3) Sensibilização para as avaliações dos alunos sobre a utilidade de uma unidade de conteúdo específica no âmbito de um DL específico;

4) Características dos aprendentes que melhor correspondem a um DL específico.

A questão:

Até à data, as tecnologias adaptativas na educação só provaram a sua eficácia em experiências laboratoriais de pequena escala, pelo que ainda estão à espera de ser introduzidas na comunidade mais vasta de educadores. Há várias razões para este baixo nível de disseminação na prática das comunidades de ensino. Em primeiro lugar, como salientam alguns estudos recentes [2], os sistemas hipermédia educativos adaptativos são difíceis de conceber, instalar e implementar, devido ao elevado nível de competências técnicas que exigem. Em particular, todos os (poucos) sistemas educativos adaptativos gerais existentes (que designaremos por Plataformas Educativas Adaptativas - AEP) têm uma curva de aprendizagem acentuada, o que impede um professor não técnico de criar o seu curso de forma autónoma. Na nossa opinião, uma direção viável para espalhar a semente adaptativa entre comunidades de instrutores potencialmente grandes é alargar as actuais abordagens LMS com um conjunto de técnicas adaptativas bem estabelecidas, simples e prontas a usar (ou seja, sequenciação de cursos, anotações de ligações e fragmentos condicionais), empacotá-las com interfaces de criação directas e juntá-las a tutoriais e modelos para as estratégias de instrução mais comuns.

Nas salas de aula com um elevado grau de implementação, os professores tendem a passar mais tempo a ensinar do que a gerir os alunos, e os alunos tendem a ser muito orientados para as tarefas. A interação regular e produtiva entre professores e alunos, e entre alunos, substitui o modo de aprendizagem passiva tipicamente encontrado nas salas de aula convencionais. A interação entre os alunos centra-se principalmente na partilha de ideias e no trabalho conjunto em tarefas de aprendizagem. As distracções dos alunos são mínimas e não parecem interferir com o trabalho uns dos outros.

Os resultados dos testes padronizados em leitura e matemática indicam que a implementação do modelo conduz consistentemente a resultados dos alunos que satisfazem ou excedem os ganhos esperados. Os resultados de diferentes locais ao longo do tempo foram comparados favoravelmente com locais de comparação em termos de normas de teste nacionais, bem como normas distritais e populacionais. Foram encontradas diferenças significativas nos alunos com necessidades especiais integrados em turmas regulares no ambiente de aprendizagem adaptado.

Modelos de sistemas de aprendizagem adaptativos :

- Modelos de inferência

Pense nos modelos de inferência como um mapa pré-determinado de caminhos que os alunos podem seguir quando utilizam uma tecnologia de aprendizagem adaptativa. Embora os caminhos sejam pré-determinados, não são limitados - quando o conteúdo atinge 500 tópicos ou mais, pode imaginar quão complexo pode ser o mapa de caminhos a seguir pelos alunos.

À medida que o tempo passa durante o curso e os alunos fazem mais trabalho e respondem a mais perguntas utilizando um sistema de aprendizagem adaptativo baseado na inferência, continuam a desenvolver o seu mapa de percurso pessoal. Ao longo do percurso, dependendo das suas respostas, os alunos podem avançar ou recuar ao longo do caminho. Os modelos de inferência baseiam-se em três modelos diferentes: conteúdo, aluno e ensino.

- Modelo de conteúdo

Este modelo contém o entendimento do computador sobre o que precisa de ser aprendido, por exemplo, os principais tópicos abordados numa disciplina. O sistema compreende a forma como os tópicos estão relacionados e, por conseguinte, é capaz de ajudar a estruturar ou apoiar um aluno na aprendizagem de cada tópico. O sistema também compreende cada progressão possível, ajudando a criar um mapa complexo de tópicos e percursos.

- Modelo do aluno

Este modelo é o entendimento que o computador tem do que o utilizador sabe sobre o material que está a aprender. Quando um aluno inicia um novo curso, realiza uma tarefa para que o sistema possa avaliar a sua compreensão dos conceitos básicos e obter uma imagem clara do seu nível de competências. À medida que o aluno progride no curso, o sistema actualiza o modelo de compreensão do aluno.

- Modelo pedagógico

Este modelo decide como combinar os dois modelos anteriores, determinando o conteúdo a ser apresentado a seguir com base no nível atual de compreensão do aluno. Como nem todos os alunos aprendem da mesma forma, também não começarão o curso no mesmo ponto. Alguns alunos já dominam os conceitos básicos e podem passar para tópicos mais avançados, enquanto outros precisam de dominar os conceitos básicos antes de avançar.

- Modelos biológicos

Existem muitas semelhanças entre os modelos de inferência e os modelos biológicos no que respeita à avaliação da compreensão dos alunos e à atribuição de conteúdos com base no que eles sabem. No entanto, os modelos biológicos são mais flexíveis. Em vez de terem um mapa pré-determinado dos caminhos que os alunos devem seguir, a conceção dos modelos biológicos permite uma rápida adaptação a uma vasta gama de possibilidades que podem surgir no percurso de aprendizagem de um aluno.

No entanto, não é necessário criar um mapa único de qualquer matéria para qualquer aluno. A organização semântica e o processo de erro são combinados para ajudar o material a adaptar-se, criando uma experiência de aprendizagem única e em constante evolução.

Como é que o modelo adaptativo é implementado numa universidade?

O modelo dos Ambientes de Aprendizagem Adaptativa foi concebido para proporcionar um ensino que satisfaça as necessidades dos alunos e para proporcionar ao pessoal escolar um desenvolvimento profissional contínuo e apoio para a implementação do programa em toda a escola, a fim de garantir o sucesso dos alunos. A implementação inclui os seguintes elementos de conceção.

Os planos de progresso individuais têm duas componentes. A primeira é uma componente prescritiva altamente estruturada para o domínio das competências básicas. Por outro lado, uma componente exploratória oferece oportunidades de aprendizagem que promovem a auto-direção do aluno e as suas capacidades de resolução de problemas, ao mesmo tempo que encoraja o desenvolvimento social e pessoal para aumentar o sucesso da aprendizagem do aluno.

Um sistema de acompanhamento diagnóstico e prescritivo integra um currículo baseado em normas e um sistema de avaliação para garantir que os alunos dominam os conhecimentos da disciplina e as competências de aprendizagem. Um sistema de gestão de instrução na sala de aula fornece apoio à implementação que enfatiza a auto-responsabilidade do aluno e o trabalho de equipa do professor para implementar uma abordagem coordenada à instrução e serviços relacionados.

Um programa de desenvolvimento profissional baseado em dados fornece formação contínua e assistência técnica específica para satisfazer as necessidades de apoio à implementação de cada membro do pessoal.

Um processo de reestruturação a nível da escola fornece apoio organizacional à escola e à sala de aula e uma redistribuição dos recursos escolares e das competências do pessoal para alcançar e manter um elevado nível de execução do programa.

Um programa ativo de envolvimento da família visa apoiar o sucesso da aprendizagem dos alunos.

Quando se consegue um elevado grau de implementação, cria-se um cenário de sala de aula único. Os alunos trabalham em praticamente todas as áreas da sala de aula e participam numa variedade de actividades de aprendizagem, incluindo ensino em pequenos grupos, tutoria individual ou actividades de colaboração entre pares. Os professores circulam entre os alunos, dando instruções e fazendo correcções.

O ensino baseia-se nos resultados dos testes de diagnóstico e das avaliações informais efectuadas pelo professor. Espera-se que cada aluno faça progressos constantes no sentido de atingir os padrões curriculares. As tarefas de aprendizagem são divididas em etapas progressivas, oferecendo oportunidades frequentes de avaliação.

A importância do estudo reside nos seguintes factores:

1 - A adoção de um projeto de educação móvel apoia o ensino e a aprendizagem da disciplina, com o lançamento de software e aplicações em lojas electrónicas para ajudar na aprendizagem e no ensino de palestras na Federação Russa.

2 - Incentivar os alunos a ativar os dispositivos móveis de aprendizagem (smartphones e tablets) de que dispõem, a descarregar as aplicações disponíveis nas lojas electrónicas que apoiam o ensino e a aprendizagem da disciplina e a utilizá-los sempre e onde quer que estejam disponíveis redes sem fios (Wi-Fi, 3G, 4G).

3 - Ajudar a transformar o ensino e a aprendizagem tradicionais na comunidade local em ensino e aprendizagem móveis que permitam aos professores e aos responsáveis pela educação escolar obter uma verdadeira educação e ajudá-los a aceder ao mundo da aprendizagem móvel e a avaliar o desempenho dos seus alunos à medida que colhem os

benefícios.

4 - Ajudar os alunos a obter a informação de que necessitam no âmbito do processo de aprendizagem e de aquisição de competências noutra língua (inglês), em qualquer altura e em qualquer lugar, como acontece nos países desenvolvidos.

5 - Ajudar as famílias a fornecer aos seus filhos material educativo através dos seus dispositivos móveis (smartphones, tablets), apoiando assim o ensino e a aprendizagem em qualquer altura e em qualquer lugar.

Trabalhos relacionados

Apresentamos uma breve panorâmica das abordagens mais recentes [3] para os sistemas de recomendação de conteúdos e as MTL para personalização.

1- Modelos lineares generalizados: Uma forma simples de construir um sistema de recomendação de conteúdos em grande escala consiste em utilizar modelos lineares generalizados para prever respostas (por exemplo, cliques, classificações, etc.) para cada vetor de características utilizador-artigo. Um trabalho recente [34] mostrou como isto pode ser conseguido à escala industrial. Modelos semelhantes são também utilizados na publicidade em linha [2]. Note-se que, como estes modelos induzem problemas de otimização global, são propostos algoritmos de aprendizagem especiais, como o ADMM, com esquemas de comunicação sofisticados, para os resolver.

2- Reforço de árvores: GBDT [13] provou ser eficaz em muitas aplicações de aprendizagem automática. Com o LambdaMART, os métodos de reforço de árvores apresentam um desempenho topo de gama em muitas tarefas de LtR e de recomendação [6]. Recentemente, foram desenvolvidos métodos [11] para aprender modelos de árvores globais em conjuntos de dados de grande escala.

3- Factorização matricial: Os modelos baseados na factorização matricial são amplamente utilizados para a recomendação [19] e pressupõem a existência de um vetor latente associado a cada utilizador e a cada elemento. Além disso, os termos de enviesamento do utilizador e do elemento são explorados na otimização [15]. O LFM baseado na regressão [1] e as máquinas de factorização [28] alargaram o LFM para incorporar características arbitrárias do utilizador e do item. Na maioria dos casos, podem ser aplicadas técnicas de descida de gradiente ou de mínimos quadrados alternativos (ALS) para resolver os problemas de otimização. Um trabalho recente [7] propôs um objetivo personalizado de factorização matricial para melhorar as recomendações.

4- Personalização/multitarefa: A importância de uma aplicação personalizada estende-se a muitos domínios, como as redes sociais [20] e os sistemas de classificação [29], tendo as redes sociais sido também incorporadas na personalização [9]. É necessário sugerir resultados relevantes/interessantes aos utilizadores e tornar eficiente a computação distribuída no lado móvel, como a Factorização Matricial Distribuída [16]. Os algoritmos MTL têm sido amplamente estudados para resolver o problema da personalização na recuperação de informação (IR) e nos sistemas de recomendação (RecSys). Apresentamos de seguida alguns artigos representativos. Em IR, foram propostos modelos de classificação linear do tipo MTL [32] (incluindo métodos de hashing de características [33]) e modelos de classificação de reforço baseados em árvores [10]) para adaptar modelos de classificação global a modelos específicos do utilizador. No RecSys, os primeiros trabalhos [26] formularam uma solução baseada em MTL para métodos de filtragem colaborativa baseados na vizinhança. A recomendação de itens aos utilizadores com base em opiniões de peritos também foi estudada [4]. No entanto, a maioria dos algoritmos MTL tem de resolver problemas de otimização global. O quadro proposto difere do MTL na medida em que os modelos pessoais podem ser optimizados independentemente de uma função de objetivo global. Além disso, o quadro genérico aceita diferentes funções de objetivo. A aprendizagem baseada no currículo [5] é proposta para resolver problemas cada vez mais difíceis. A apresentação de exemplos de aprendizagem numa ordem significativa pode, de facto, conduzir a um melhor desempenho e convergência. Em comparação com a aprendizagem curricular, o quadro proposto centra-se na aprendizagem eficiente de modelos de recomendação pessoal sem reorganização.

Resumo da primeira parte

As abordagens educativas adaptativas para melhorar os resultados da aprendizagem dos alunos têm sido apontadas por investigadores e profissionais como uma alternativa promissora para responder às diversas necessidades de aprendizagem dos alunos, incluindo os que possuem talentos excepcionais e os que têm necessidades especiais. A implementação de estratégias de ensino adaptativo como uma abordagem alternativa para melhorar os resultados dos alunos faz parte do movimento de ensino progressivo. Os desenvolvimentos na concetualização das diferenças individuais e a crescente base de investigação em psicologia cognitiva e do desenvolvimento levaram a uma maior atenção às diferenças individuais na forma como a aprendizagem ocorre e o que a influencia. As diferenças individuais na aprendizagem já não são vistas como estáticas, mas como sujeitas a alterações antes ou durante o processo de ensino.

Parte 2

Aprendizagem móvel A educação tornou-se mais acessível

Apresentações

O desenvolvimento tecnológico dos telemóveis e das aplicações que o comprovam dia após dia, bem como o aumento da sua posse por parte dos jovens, e o elevado custo de equipar as escolas com computadores avançados, tornam a introdução dos telemóveis nas escolas e a aprendizagem de uma ferramenta tecnológica tão desejável, viável e exequível.

Os telemóveis evoluíram consideravelmente ao longo das últimas três décadas, onde passaram as fases de muitas evoluções adicionadas a cada passo ao seu antecessor, muitos até apareceram na forma que vemos agora, onde a empresa Motorola "free Motorola" começou a fabricar telemóveis no início dos anos 80 do século XX, e depois surgiu a Nokia "nokia" na segunda metade dos anos 80, e com o desenvolvimento na indústria dos telemóveis, e o seu pequeno tamanho e peso, e os preços mais baixos e os preços das chamadas telefónicas, aumentou a proporção das vendas dos fabricantes há quase uma década.

Onde ele encontrou este método para se adaptar às circunstâncias em mudança incidente processo educativo afetado pelo fenómeno da globalização. Isto pode ser conseguido através da utilização de dispositivos móveis e portáteis, tais como telemóveis, telefones móveis, PDA, computadores de mão, computadores portáteis, computadores pessoais e pequenos tablet PC, todos equipados com tecnologias de ligação sem fios e com fios que facilitam a troca de informações entre os próprios alunos, por um lado, e entre alunos e professores, por outro.

Em primeiro lugar, a definição de aprendizagem móvel:

A palavra Mobile nos dicionários de língua significa (mover qualquer movimento negociável ou movimento ou objeto móvel), e aqui podemos traduzir o termo MobileLearning da seguinte forma: aprendizagem móvel - aprendizagem móvel - aprendizagem Altrk-aprendizagem - aprendizagem através de dispositivos móveis (móveis), ou portátil Mobile nigeriawap palavra significa principalmente objectos ou dispositivos móveis ou dispositivos móveis.

Há alguns anos atrás, e mais especificamente no início do século XX, um novo termo foi utilizado nos países ocidentais no domínio da educação, conhecido em inglês como MobileLearning ou mLearning ou m-Learning, e em francês como Lemobilelearning ou Lem-Learning.

- A aprendizagem móvel pode ser definida como a utilização de pequenos dispositivos portáteis sem fios, tais como telemóveis (MobilePhones), assistentes pessoais digitais (PDAs), smartphones (Smartphones), computadores pessoais (PCs) e pequenos computadores tablet (TabletPCs), para obter flexibilidade e interatividade.

-A aprendizagem móvel, por vezes designada por m-learning, é a aprendizagem que utiliza pequenos dispositivos portáteis Pequenos dispositivos de computação portáteis Estes incluem dispositivos de computação como os smartphones, os assistentes pessoais digitais (PDA) e os dispositivos portáteis.

- O investigador considera que a aprendizagem móvel é uma novidade que depende da utilização de dispositivos sem fios na comunicação entre docentes e discentes, websites, e através dos seus serviços, tanto: MSM (mensagens de texto), MMS (multimédia), WAP (WAP), SMN (mensagens MSN-HOTMAIL-MSN-Messenger), GPRS (rádio instantâneo firme), BLTH (Bluetooth).

Em segundo lugar, os aspectos da aprendizagem móvel, de acordo com certas teorias :

A utilização de dispositivos móveis na educação levou à criação de alguns investigadores para desenvolver teorias de aprendizagem adequadas à aprendizagem moderna com telemóveis, por exemplo, ele propôs uma teoria de Sharples "eficácia" que se distingue como uma conversa e aprendizagem móvel Kfalah, mesmo adaptar a aprendizagem móvel, em quatro aspectos :

(1) Aprendizagem móvel: a aprendizagem móvel ocorre quando as ferramentas tecnológicas fazem a mediação entre o aprendente e o conhecimento.

(2) Aprendizagem móvel utilizando tecnologia móvel.

(3) A aprendizagem móvel é uma extensão da aprendizagem eletrónica.

(4) A aprendizagem móvel é uma aprendizagem centrada no aluno: o aluno é móvel, não necessariamente a tecnologia.

Em terceiro lugar, algumas das experiências aprovadas sobre a aprendizagem móvel de serviços:

(1) Experiência do Ministério da Educação da Nova Zelândia :

Por iniciativa do Ministério da Educação da Nova Zelândia, que pretendia ativar a utilização da aprendizagem móvel (MobileLearning), o administrador activou a aprendizagem através de mensagens de texto curtas através do sítio lançado (www.studytxt.com). O aluno envia uma mensagem para um serviço de localização de um número de telemóvel para solicitar informações básicas sobre uma informação específica. Este serviço revelou-se extremamente popular entre as escolas e os alunos da Nova Zelândia, tendo-se revelado eficaz em vários cenários educativos.

Exemplos da experiência da Nova Zelândia

O primeiro exemplo: os professores fazem um trabalho que é um resumo das dez palavras mais importantes estudadas pelos alunos durante a semana no artigo, para o aluno depois enviar uma mensagem de texto para trazer essas palavras e rever.

O segundo exemplo: realizado por um professor de ciências para aguçar a coragem necessária na pesquisa e na investigação através do jogo, em que o professor no início de cada aula perguntava aos alunos, e pedia-lhes que enviassem as suas respostas através de mensagens móveis para o serviço do site, e depois respondia ao aluno uma mensagem de texto mostrando a validade da sua resposta, o professor tinha prometido aos alunos prémios valiosos para o primeiro a enviar a resposta correcta.

(2) Projeto manual :

Este projeto tenta tornar a aprendizagem móvel uma realidade potencial, onde o curso é contido usando um PDA, incluindo movimento e som de alta qualidade e navegação na máquina, ele também permite que os alunos para testar suas habilidades também projetos globais INSEAD / Nokia / ICUS projeto, formado três empresas formam uma União Asiática A fim de lançar uma educação móvel, e o resultado deste empreendimento é o desenvolvimento e produção de currículo eletrônico é apresentado através de dispositivos Nokia que dependem de aplicação sem fio (protocolo WAP) .

(3) A experiência neerlandesa:

A utilização de telemóveis para enriquecer as experiências de educação em museus Embora os Países Baixos sejam um país relativamente pequeno, muitos museus e instituições culturais estão muito próximos uns dos outros, mas, apesar disso, os holandeses raramente têm consciência da proximidade desses museus, Isto deu origem à ideia de utilizar telemóveis para enviar informações e tópicos sobre museus associados ao museu para cada grupo de indivíduos nas proximidades do remetente da informação do museu. Esta experiência foi realizada através do envio de várias mensagens e multimédia diretamente via Internet e telemóvel, através do site preparado para este projeto.

Em quarto lugar, os serviços prestados pela aprendizagem móvel para apoiar o processo educativo:

1. Serviço de mensagens curtas (SMS) :

O serviço de mensagens de texto SMS é um serviço mais utilizado pelos utilizadores de telemóveis, e escrito por um painel de botões de telemóveis que são enviados através das redes, e que permite aos utilizadores trocarem mensagens de texto curtas entre si, de modo a que uma única letra não exceda 160 caracteres, o serviço de mensagens de texto SMS tem a vantagem de ser económico e divertido, e é uma forma fácil de se ligar a outra pessoa através do seu telemóvel em qualquer lugar sem causar incómodo a terceiros. O serviço de mensagens de texto SMS caracteriza-se também pelo facto de permitir contactar a outra pessoa, mesmo que as chamadas sejam transferidas para outro número, ou que o seu telefone esteja ocupado, ou mesmo que o telemóvel que envia a mensagem de texto SMS esteja fechado.

2. Serviço multimédia MMS :

Trata-se de um serviço de envio e receção de mensagens fotográficas ou de ficheiros áudio ou vídeo, bem como de mensagens de texto com mais conteúdo do que no SMS, é uma extensão ou evolução da tecnologia de envio de mensagens gerais com um ano de existência, e o que o diferencia do SMS normal é o facto de permitir ao cliente enviar conteúdos até 100 KB por mensagem, sem exceder o tamanho da mensagem curta de apenas 140 bytes, com o serviço (MMS) não é possível enviar mensagens multimédia apenas de telefone para telefone, mas também de telefone para e-mail e vice-versa, mudei as mensagens multimédia do modelo habitual de comunicação móvel, tornando-as mais privadas e mais expressivas.

3 - WAP Protocolo de aplicação sem fios :

"programa que converte as páginas Web concebidas pelo computador em pequenas páginas para as tornar mais adequadas aos ecrãs móveis" telefones, o telefone do utilizador Vivid de roaming, e a Internet forneceu serviços e informações, o que facilita o intercâmbio de dados e tira partido do resto dos seus vários serviços, como o correio eletrónico e a World Wide Web e os grupos de notícias ; o processo de transferência de serviços de várias informações e meios de entretenimento, cultura e negócios; serviços bancários, acções, comércio, compras em linha e meteorologia, etc., e difere do WAP para a Web (Web); o primeiro é um dispositivo móvel especial que funciona como telemóveis, computadores de mão e dispositivos inteligentes para aceder à Internet, o segundo é um computador especial e dispositivos de Internet.

4- Serviço MSN Mobile :

Este serviço permite-lhe receber mensagens do MSN Hotmail e do MSN Messenger diretamente no seu telemóvel e ser avisado por SMS da chegada de mensagens electrónicas ao seu endereço Hotmail, bem como de mensagens de amigos abrangidos pelo serviço. MSN Messenger

5. Serviço público instantâneo de radiocomunicações por pacotes (GPRS) :

GPRS, que não é uma abreviatura de General Packet Radio Services, significa Instant General Packet Radio, uma das tecnologias inovadoras para a transferência de dados através de redes GSM. É uma tecnologia nova e inovadora que permite o acesso móvel à Internet a alta velocidade e a possibilidade de armazenamento, recuperação e troca de dados entre receptores sem fios a velocidades da ordem dos (171,2) kilobits por segundo, acesso a uma gama mais vasta de informações disponíveis no serviço WAP a um custo mais baixo e com menos esforço. Este serviço difere do serviço WAP, em que o assinante pode na tecnologia GPRS usufruir da aplicação ou serviço WAP, mas o serviço WAP através da tecnologia GPRS trará para a junção onde a velocidade máxima para navegar na informação rapidamente comparar o atual serviço prestado através da rede móvel, que não excede a transferência de dados a partir do qual (velocidade 9,6 KB).

6. Serviço Bluetooth

A tecnologia sem fios Bluetooth é uma das tecnologias de comunicação através de ondas de rádio e protocolo de comunicações, concebida para ligar diferentes dispositivos de uma nova forma que assenta na conetividade sem fios em vez de com fios, e abrange a área geográfica do Bluetooth que se estende de um metro a cem metros, e depende da natureza do emissor e do recetor do dispositivo, em que os dispositivos Bluetooth do sistema estão sob a banda de cobertura do outro contacto, pelo que não é necessária a presença de dispositivos numa única fila ou numa única linha, mas os equipamentos podem encontrar-se em diferentes divisões, mas o sinal Bluetooth deve ser forte para cobrir este espaço.

O Bluetooth é utilizado numa série de aplicações, incluindo a criação de uma pequena rede informática entre computadores localizados numa área geográfica restrita, e como meio de entrada num computador, como um rato ou um teclado, sem necessidade de fios, e como meio de saída de um computador, como impressoras, sem necessidade de fios, bem como um meio de transferência de ficheiros e informações entre dispositivos através do sistema de elementos de transferência.

Quinto: os benefícios pedagógicos da utilização da aprendizagem móvel no ensino e na aprendizagem:

- facilita as tarefas dos professores e é um auxiliar de aprendizagem para os alunos.
- Os alunos podem interagir uns com os outros e com o professor em vez de se esconderem atrás dos ecrãs gigantes. Monitores de grandes dimensões.
- Os aprendentes podem obter informações de forma mais fácil e rápida do que por telefone ou correio eletrónico, por exemplo, em conferências, consultas ou exames.
- podem comunicar livremente com o professor em qualquer altura, fazendo perguntas e recebendo respostas facilmente, e a troca de cartas entre os próprios alunos e entre estes e o professor sobre questões educativas e sociais.
- utilizado em qualquer altura e em qualquer lugar, em casa, no comboio ou no hotel.
- Atrair os instruídos: Os jovens que abandonaram a escola podem beneficiar da utilização de telemóveis e de dispositivos de jogo, como os Gameboys, como parte da sua aprendizagem.
- Os telemóveis podem ajudar a reduzir o fosso digital, uma vez que são mais baratos do que os computadores de secretária.
- Pode utilizar os serviços de mensagens curtas SMS para obter informações de forma mais fácil e mais rápida do que as conversas telefónicas ou por correio eletrónico, tais como conferências, marcações ou tabelas de exames, nomeadamente em caso de alterações urgentes a essas tabelas.
- utilizado como uma técnica para ajudar os alunos com dificuldades de aprendizagem.

Sexto: aprender as características da mobilidade:

1. A aprendizagem móvel está a acontecer em todo o lado, a toda a hora:

A educação móvel (M-Learning) afastará o processo educativo de qualquer ponto fixo, respeitará o desejo do aprendente de interagir com as diferentes partes do processo educativo sem ter de se sentar em salas de aula ou em frente a ecrãs de computador, e conseguirá a participação e a cooperação transgredindo o espaço geográfico e físico entre os próprios estudantes e entre estes e os seus professores.

2. A aprendizagem móvel permite aos aprendentes comunicar rapidamente com a rede internacional de informação:

Ligação à internet no telemóvel sem fios de aprendizagem (via infravermelhos), através do serviço WAP Wireless Application Protocol (WAP), e isto em qualquer lugar sem a obrigatoriedade de existir em locais específicos, o que facilita o acesso à internet e a navegação a qualquer hora e em qualquer lugar, e permite a tecnologia GPRS para acesso móvel à internet a alta velocidade e a possibilidade de dados e ficheiros, armazenamento, recuperação e troca de recetor sem fios a velocidades na ordem dos 171.2 kilobits por segundo, o acesso a uma gama mais vasta de informações disponíveis a partir do serviço WAP a um custo mais baixo e com menos esforço, e a facilidade de navegar em sítios Web a partir da Internet, de modo a poder clicar diretamente em ligações a partir da caneta em vez de utilizar um rato.

3. Troca de ficheiros e mensagens entre os próprios alunos e entre estes e o professor:

As mensagens SMS são mensagens de texto trocadas. As MMS, por outro lado, são ficheiros electrónicos e livros que podem ser trocados através da tecnologia Bluetooth ou infravermelhos, o que não é o caso de outros tipos de e-learning.

4. O custo da aprendizagem móvel é relativamente baixo, porque é barato e está em circulação:

A maioria dos dispositivos digitais móveis é mais barata do que os computadores de secretária. Has Saylor [23] refere que cerca de 82% dos estudantes do ensino superior nos EUA possuem um telemóvel e, num estudo semelhante, cerca de 12% possuem um dispositivo digital pessoal, mesmo nos casos em que a compra de uma variedade de dispositivos móveis se manteve abaixo do custo de equipamento normal, como um PC.

5. A dimensão reduzida da tecnologia facilita a navegação no processo:

Regra geral, a maior parte dos dispositivos portáteis, como os dispositivos digitais pessoais PDA ou o mini mecanismo PC Tablet PC desktops - e os telemóveis em particular, que transportam memorandos e livros electrónicos, são mais leves, mais pequenos e mais fáceis de carregar em sacos cheios de ficheiros e livros ou cadernos.

6. Aceder à informação e à experiência educativa mais rapidamente do que com

outros meios de comunicação:

Graças aos serviços disponíveis nos telemóveis, especialmente nos mais modernos, os alunos podem aceder à informação e à experiência educativa mais rapidamente do que com outros meios, quer se trate de serviços em linha ou mesmo de uma troca de cartas entre os próprios alunos ou entre estes e o professor.

Justificação para a utilização de um telemóvel (aprendizagem móvel) no processo educativo :

- A aprendizagem móvel é essencial para responder às necessidades de aprendizagem. Utilizando telemóveis, podemos proporcionar experiências e materiais de aprendizagem que vão ao encontro das necessidades e circunstâncias de cada aluno.

- A iniciativa de adquirir conhecimentos, a existência do telefone nas mãos do aprendente pode desempenhar um papel fundamental na rapidez da sua iniciativa para obter esses conhecimentos e informações.

- Flexibilidade para apoiar uma vasta gama de actividades de aprendizagem importantes através da mobilidade e da mobilidade em contextos de aprendizagem e de aplicação.

- Interatividade no processo de aprendizagem, em que o professor pode responder às perguntas dos alunos por telefone.

- O acesso aos indivíduos em qualquer lugar e em qualquer altura e a abertura dos horizontes educativos a grandes segmentos da sociedade podem ser necessários para que o sistema educativo esteja à altura do desafio.

- Actividades educativas, a multiplicidade de serviços que podem ser obtidos através dos telemóveis levou a que os artigos e as actividades educativas tivessem de ser apresentados de formas e meios adaptados à natureza dessas actividades.

- A utilização cada vez mais frequente de dispositivos interactivos e de telefones teve, de um modo geral, um impacto no nível de respeito no mundo.

- pode trazer muitos benefícios ao processo educativo e oferecer novas oportunidades para a aprendizagem tradicional na sala de aula, bem como para a aprendizagem ao longo da vida fora da sala de aula.

- A vasta gama de serviços que podem ser fornecidos pelos telefones interactivos na educação.

- Prevalência da difusão de estilos de aprendizagem e necessidade de acesso à distância na educação.

- Ajudar a ultrapassar os problemas associados ao ensino tradicional.

Resumo da segunda parte

Os resultados do presente estudo para um grupo de resultados seguintes :

- A aprendizagem móvel oferece uma série de vantagens educativas que facilitam o processo de aprendizagem e, acima de tudo, é barata, fácil de obter e oferece a possibilidade de aprender em qualquer lugar e a qualquer momento, bem como o acesso rápido à informação, seja sob a forma de textos ou ficheiros.

- Essencial para responder às necessidades de aprendizagem. Graças ao telemóvel, podemos proporcionar experiências e materiais de aprendizagem que vão ao encontro das necessidades e circunstâncias de cada aluno.

- A aprendizagem móvel oferece uma vasta gama de serviços educativos, servindo mensagens de texto e multimédia, WAP, sinais de rádio de serviços instantâneos e o serviço MSN.

- A utilização de dispositivos móveis na educação levou alguns investigadores a desenvolver teorias de aprendizagem adaptadas aos modernos dispositivos móveis oceânicos.

- O ensino à distância é uma nova forma móvel de sistema de ensino à distância que se caracteriza pela separação espacial e temporal entre professor e alunos.

- a crescente apropriação pelos alunos, tornam desejável, viável e exequível a introdução dos telemóveis nas escolas como ferramentas tecnológicas de aprendizagem.

Em última análise, o investigador recomenda:

- a necessidade de a aprendizagem móvel nas universidades palestinianas se candidatar a ter um impacto claro no processo educativo do serviço de aprendizagem, e não apenas na utilização de anúncios e de instruções e orientações gerais.

- A necessidade de estudos científicos para detetar resultados construtivos no processo educativo de aprendizagem do desenvolvimento, tanto a nível escolar como universitário.

No entanto, a aprendizagem eletrónica tem os seus limites.

Terceira parte

Colaboração e interatividade da tecnologia de aprendizagem móvel na educação

Introdução

O objetivo deste estudo é construir um sistema de conhecimento que apresente uma imagem clara do ambiente de aprendizagem móvel, das características e dos benefícios da tecnologia. Os estudos têm sido unânimes em afirmar que a aprendizagem móvel é um sistema de aprendizagem que reúne elementos de aprendizagem electrónicos, baseados principalmente nas telecomunicações, para que o aprendente possa obter material educativo, palestras e seminários a qualquer momento e em qualquer lugar, fora da sala de aula, o que, por sua vez, cria um ambiente para aprender coisas novas em situações de ensino parcial, baseado na aprendizagem participativa e interactiva, e facilita o intercâmbio de informações entre os próprios aprendentes, por um lado, e os professores, por outro.

A computação móvel é a computação em qualquer lugar utilizando um computador portátil, um tablet, um PDA ou um smartphone. Outro nome para a computação móvel é computação vestível ou computação portátil, um computador que é portátil e fácil de transportar. Os carros da polícia, os trabalhadores de escritório, os trabalhadores dos correios, os militares, os técnicos de TI e as pessoas que trabalham fora e longe do escritório já utilizam ativamente computadores portáteis, smartphones, PDA e outros computadores móveis para o seu trabalho. Os computadores móveis, como os smartphones, os tablets e os computadores portáteis, são agora acessíveis e suficientemente pequenos para que a maioria dos estudantes e indivíduos os possam utilizar para navegar em sítios Web, fazer trabalho de escritório, jogar jogos, ver vídeos, ouvir canções, tirar fotografias, gravar vídeos e realizar uma série de outras tarefas que normalmente fariam num computador de secretária grande e pesado que não podem levar de casa para utilizar como computador móvel portátil. A computação móvel permite-lhe executar tarefas como navegar na Internet, editar um documento, partilhar uma fotografia, gravar um vídeo e desenhar utilizando programas portáteis chamados "aplicações", que são semelhantes ao software de secretária, como navegadores Web, suites de escritório e editores de fotografia, mas concebidos para um ecrã mais pequeno, como o de um tablet ou smartphone. No entanto, se estiver a utilizar um computador portátil ou tablet Windows, estará a utilizar os mesmos programas que instalaria num computador de secretária normal baseado no Windows, porque os tablets Windows utilizam praticamente a mesma versão do Windows que os computadores de secretária.

Os desafios técnicos do ensino à distância são os seguintes:

- Conectividade e duração da bateria
- Tamanho do ecrã e tamanho das teclas [24]
- Conformidade com os requisitos de largura de banda para streaming/transmissão rápida
- Número de formatos de ficheiros/objectos suportados por um dispositivo específico
- Segurança do conteúdo ou questões de direitos de autor para o grupo de autores

- Várias normas, vários tamanhos de ecrã, vários sistemas operativos
- Reformulação de materiais de e-learning existentes para plataformas móveis
- Memória limitada [25]
- Risco de obsolescência súbita [26].

Estudo de fundo

Tecnologia educativa móvel Conhecimentos, experiências e contactos entre pessoas que partilham, após o incidente sobre os sentidos, o ambiente da comunidade e as circunstâncias envolventes, as pessoas utilizam estilos diferentes, muitos para fazer face às exigências da vida e para se entenderem com os seus colegas, para exprimirem as suas opiniões e ideias, e uma vez que se voltam para as mesmas sensações e sentimentos, recorrem a movimentos e sinais físicos e a estátuas e símbolos e inscrições, e fazem desta comunicação uma linguagem falada. A utilização das tecnologias educativas, em diversas ocasiões, reflecte um papel funcional que lhe é atribuído, tendo sido associadas ao desenvolvimento da aprendizagem e às várias teorias da educação, bem como aos métodos e técnicas de formação seguidos, e tendo sido consideradas parte integrante de um sistema integrado de educação, a parte da aprendizagem, e passou a centrar-se na forma como a escolha dos materiais e dos instrumentos e dispositivos pedagógicos e a diversificação na utilização, no espaço e no tempo, das condições materiais e humanas e das oportunidades dos alunos e das suas características, para atingir esse objetivo. De acordo com este método, o conceito de tecnologia educativa ultrapassou a utilização de ferramentas e materiais de formação, e a atenção centrou-se nos (inputs, processos, resultados) do processo educativo, ou o que é conhecido como o estilo (o sistema). Este método enfatiza a visão complementar do papel da tecnologia educativa e a sua relação com os outros componentes das interdependências do sistema, uma vez que a utilização da tecnologia para trabalhar para os objectivos desejados, de acordo com o currículo e os meios, os objectivos e métodos de ensino, os materiais e os recursos humanos e a formação de um sistema de controlo, etc.[27]. [27]

O termo "tecnologia" é um termo flexível que se presta a interpretações, de tal forma que se tornou difícil determinar o seu conteúdo exato, e a razão para isso é a rápida mudança que se seguiu à evolução das coisas, que é o início de algo simples bem definido, e a sua visão é clara, depois evolui lentamente ao longo do tempo até se tornar uma forma de apresentar um elevado grau de dificuldade não é difícil com infinitas coisas e determinar a sua dimensão. A tecnologia tem sido desenvolvida ao longo do tempo e, por assim dizer, através da experiência, do conhecimento e das ciências humanas, bem como do trabalho, por sua vez, para desenvolver estas variáveis em todos os domínios e a todos os níveis. As pessoas que trabalham com a tecnologia têm uma abordagem simplificada do pensamento, do estilo de trabalho, da utilização de ferramentas e da resolução de problemas [28].

Hawkins, diz ele, e Coles [29] que o uso da tecnologia na educação expande os métodos educacionais de comunicação, abrindo a possibilidade de participar, ouvir e pensar, e a interpretação do crescimento equilibrado do evento, quando a educação em várias áreas cognitivas e emocionais, encontrar habilidades analíticas de ensino através da investigação, formação e avaliação, a fim de alcançar o que queremos .A relação entre a tecnologia e os objectivos educativos, mostra-se através das consequências sociais, culturais, educativas e comportamentais da utilização de qualquer tecnologia durante muito tempo na vida das nações e dos povos. A importância da tecnologia é a relação entre meios e fins, e essa relação evidencia toda a sociedade em que se vive. Proibido.

De qualquer modo, o sector da educação foi incluído nas portas da quarta revolução, a das tecnologias da comunicação e da informação. Esta revolução já tem três, de acordo com um relatório da Fundação Carnegie (Carnegie USA): a primeira revolução foi a invenção da escrita, a segunda a utilização de manuais escolares na educação, o impacto da invenção da impressão, e a terceira a utilização de um sistema de educação pública. E que venha a quarta revolução, que contribui para atingir os objectivos do ensino público, através da utilização e recrutamento do ensino e da aprendizagem em linha, das tecnologias das redes de comunicação e de informação, da capacidade de aceder a qualquer informação e da sua capacidade de desenvolver as competências das pessoas, de satisfazer os seus desejos e de satisfazer as suas necessidades, o que confirma as tendências recentes da educação para a necessidade de encontrar a melhor forma e os meios mais eficazes de as partes interessadas proporcionarem um ambiente de aprendizagem interativo adequado para atrair a atenção dos alunos, É o destinatário da informação, mas também o participante positivo e o arquiteto da experiência, procurando a informação e o conhecimento por todos os meios possíveis, utilizando um conjunto de medidas científicas e práticas, como a notificação e a compreensão, a análise, a síntese e a leitura dos dados, e a conclusão, sob a supervisão e a orientação da escola, bem como a avaliação. E considera-se uma distribuição face aos telemóveis, computadores e tecnologias de informação da Internet, bem como aos acessórios do processo iterativo do programas de aprendizagem e meios de comunicação, entre alunos e estudantes das formas mais bem sucedidas de encontrar um ambiente tão rico e um sistema educativo tão rico de ensino e externalização da aprendizagem, formação e crescimento e auto-aperfeiçoamento, a fim de satisfazer as necessidades e interesses dos alunos, aumentar a motivação, por um lado, e servir o processo educativo, bem como melhorar o seu resultado, por outro lado [30].

Lucy vê [31] que um aumento da utilização de métodos de comunicação, meios de comunicação e informação numa variedade de actividades se tornou caraterístico da função do mundo de hoje como uma nova compreensão mais profunda do papel do conhecimento e do capital humano no desenvolvimento da educação e do progresso social, e a tecnologia da informação é agora um elemento fundamental do crescimento económico, do progresso da tecnologia e das rápidas mudanças causadas pela economia, que afecta não só a extensão e a taxa de crescimento, mas também a maioria dos aspectos da vida humana. Com este enorme desenvolvimento de sistemas de informação e soluções de conteúdos e recursos, produtos e instrumentos de produção e canais de distribuição, a tecnologia da informação tem sido um dos aspectos mais importantes da economia global, o mercado global de serviços de informação do âmbito do terceiro milénio foi de cerca de 1 trilião de dólares, e como o número esperado de utilizadores da Internet no mundo cerca de mil milhões, e mais de metade da população mundial irá utilizar o telemóvel em 2010, o que teve um impacto significativo na introdução de empresas modernas no sector postal, Perante a revolução eletrónica surgida na segunda metade do século passado, e em por computadores e software de satélite, CD-ROM e multimédia, que, por sua vez, levou ao desenvolvimento de comunicações e redes de computadores, e a informação contida nas suas várias formas de sistemas industriais, com o objetivo de obter informação e processamento, armazenamento e recuperação, distribuição, emprego, que teve o efeito é evidente no surgimento do novo conceito é e-learning, que fez o ensino à distância uma coisa possível. O final do século passado e o início deste século são marcados pela difusão dos telemóveis e dos telefones móveis, anunciando o nascimento da revolução sem fios, que adoptou uma ampla implantação de tecnologias ultra-rápidas e ligadas a vários aspectos da vida.

Estas revoluções não tiveram um impacto direto e significativo sobre o processo de aprendizagem, nem sobre o modelo tradicional de educação existente, nem sobre o papel da educação no processo educativo, nem sobre o facto de o professor estar no centro do processo educativo, de a escola e o livro serem a única fonte de conhecimento, mas sim sobre o acesso à idade e às tecnologias da informação e à Internet, parece ser a introdução de telemóveis e de meios de comunicação portáteis sem fios, a mostrar que a formação é uma nova aprendizagem móvel nos sistemas educativos, com base no facto de a forma de ensino à distância, bem como a estrutura da aprendizagem em formato eletrónico, constituírem um complemento único da aprendizagem, prevêem a utilização de ajudas, dispositivos, técnicas modernas de educação móvel para proporcionar o tipo de nova educação, tendo em conta a evolução das circunstâncias e dos acontecimentos actuais, são o resultado da globalização e adaptados aos estudantes e às suas necessidades e características dos seus cursos, ao mais baixo custo, e capazes de transmitir o processo educativo e configurado fora da sala de aula e das aulas em liberdade temporal e espacial [32].

Já existe uma vasta gama de conteúdos digitais à disposição dos alunos e dos professores. Estes incluem jogos didácticos, realidade aumentada, sítios Web interactivos e ensino personalizado. A vantagem da informação digital é que dá aos alunos um maior controlo sobre o seu programa, permitindo-lhes progredir ao seu próprio ritmo e de acordo com o seu próprio estilo de aprendizagem. Esta revolução digital significa também que os progressos dos alunos podem ser avaliados em tempo real. Já não é necessário esperar algumas semanas para que os alunos recebam feedback sobre o seu domínio das competências. Os professores podem incorporar questionários na apresentação em linha dos conteúdos e os alunos podem ser avaliados numa base contínua. Isto permite que os alunos e os seus pais recebam regularmente em tempo real um feedback e que os professores vejam quais os alunos que precisam de ajuda adicional e quais os que necessitam de um trabalho mais complexo. Por último, a tecnologia móvel é um meio de transformar a aprendizagem. É um catalisador para criar mudanças dramáticas no sistema atual e é crucial para o desenvolvimento do pensamento crítico e da aprendizagem colaborativa dos alunos. As competências de que os jovens precisam para garantir o seu lugar numa economia global competitiva

O problema do estudo :

Este progresso científico e tecnológico e o desenvolvimento tecnológico Entrou no mundo da era móvel, que era o meio de tecnologia se move com os indivíduos e segurar em suas mãos, e colocá-lo em seu bolso para o seu pequeno tamanho, e é usado como um intermediário a qualquer momento e em qualquer lugar, e o telemóvel vem para a vanguarda destes fundos, que se está a espalhar rapidamente, não recebeu outros sistemas de TI, que são distribuídos entre os educados, também recebeu uma tecnologia de telemóvel, independentemente da idade, sexo ou nível económico do estudante, de modo que o número de telemóveis em alguns países excede o número de pessoas. Encorajar os governos e os países, tanto desenvolvidos como em desenvolvimento, a utilizar todas as novas tecnologias na educação para desenvolver o sistema e ativar o contributo, para realizar o trabalho confiado ao serviço das pessoas e da sociedade. A tecnologia de aprendizagem móvel incorpora hoje em dia, o tema do dia interessante, e o centro do pensamento humano e da arte passando a vida moderna, graças à era da tecnologia em que vivemos, e o interesse é claro, por outro lado, para atualizar a base da educação e oportunidades e o desenvolvimento de métodos de aprendizagem e ensino é mais eficaz, a utilização de uma variedade de actividades (fusão) como parte de situações educativas, dirigidas, que se baseiam principalmente na parceria e na cooperação, para criar um ambiente de aprendizagem rico, enriquecer as necessidades das pessoas individuais e satisfazer as suas necessidades e aumentar a sua produtividade alcançável até resultados educativos de alta qualidade, para acompanhar os acontecimentos do tempo, verificar os requisitos da fase atual [33].

Como resultado ... Este estudo será esclarecido sobre o sistema de aprendizagem móvel, o ensino, chamado de terceira geração, ou rede no mundo, que está a enfrentar as mudanças e o desenvolvimento do conhecimento e do escritório científico e técnico. Estes desenvolvimentos têm ditado à realidade educativa novas tarefas e responsabilidades, têm feito com que todos aqueles que a suportam, e para além do professor e do aluno, considerem seriamente o estádio de importância através do qual a educação, para ser qualificada e fazer face a estas inovações técnicas de elevado grau de domínio e eficiência do processo de ensino-aprendizagem, pague por uma nova forma de mudar o desenvolvimento qualitativo e quantitativo.

O estudo levanta uma série de questões:

O estudo responderá às seguintes questões:

- O que é o ensino e a aprendizagem com tecnologias móveis?
- Quais são os elementos e os métodos de formação?
- Quais são as características e as vantagens da aprendizagem móvel?
- Quais são os problemas com que se deparam as aplicações de aprendizagem móvel?

Objectivos do estudo :

O presente estudo visa atingir os seguintes objectivos

- Foco no conceito de aprendizagem eletrónica e aprendizagem móvel, uma das suas formas.
- Definição de ensino e aprendizagem com tecnologias móveis.
- O estudo incidiu sobre as componentes da aprendizagem e da mobilidade e sobre as características do ambiente.
- O estudo examinou as semelhanças e as diferenças entre a aprendizagem móvel e a aprendizagem em linha.

A importância do estudo reside nos seguintes factores:

1 - A adoção de um projeto de educação móvel apoia o ensino e a aprendizagem da

disciplina, com o lançamento de software e aplicações em lojas electrónicas para apoiar a aprendizagem e o ensino de palestras na Federação Russa.

2 - Incentivar os alunos a ativar os dispositivos móveis de aprendizagem (smartphones e tablets) de que dispõem, a descarregar as aplicações disponíveis nas lojas electrónicas que apoiam o ensino e a aprendizagem da disciplina e a utilizá-los sempre e onde quer que estejam disponíveis redes sem fios (Wi-Fi, 3G, 4G).

3 - Ajudar a transformar o ensino e a aprendizagem tradicionais na comunidade local em ensino e aprendizagem móveis que permitam aos professores e aos responsáveis pela educação escolar obter uma verdadeira educação e ajudá-los a aceder ao mundo da aprendizagem móvel e a avaliar o desempenho dos seus alunos à medida que colhem os benefícios.

4 - ajudar os alunos a obter a informação de que necessitam no âmbito do processo de aprendizagem e da aquisição de competências noutra língua (inglês), em qualquer altura e em qualquer lugar, como acontece nos países desenvolvidos.

5 - Ajudar as famílias a fornecer aos seus filhos material educativo através dos seus dispositivos móveis (smartphones, tablets), apoiando assim o ensino e a aprendizagem em qualquer altura e em qualquer lugar.

Metodologia do estudo :

O investigador utilizará um método analítico descritivo para recolher pontos de vista e informações, factos e conceitos relacionados com o estudo, de forma a construir um sistema de conhecimento integrado, que clarifique o estudo, o seu contexto, significado e objectivos; recorrerá a um conjunto de estudos e artigos de investigação e verificará algumas experiências internacionais no domínio do e-learning, que utilizará para apresentar aspectos relacionados com o conceito de aprendizagem móvel, o seu ambiente e componentes, bem como a sua lógica e benefícios no processo educativo.

Definições operacionais :

- **E-learning**: De uma forma muito simples, e-learning é a aprendizagem eletrónica, o que geralmente significa utilizar um computador para ministrar a totalidade ou parte de um curso, seja numa escola, como parte de uma formação profissional obrigatória ou como parte de um curso completo à distância.

- **Aprendizagem móvel:** "Trata-se de qualquer tipo de aprendizagem que ocorre quando o aprendente não se encontra num local fixo e pré-determinado, ou aprendizagem que ocorre quando o aprendente tira partido das oportunidades de aprendizagem oferecidas e proporcionadas pelas tecnologias móveis (O'Malley et al., 2003, p.6). O investigador define-a processualmente: o tipo de e-learning que depende da tecnologia dos dispositivos móveis, que utilizam redes sem fios para aceder à Internet e alcançar a aprendizagem desejada pelo aluno, bem como uma educação eficaz por parte do professor.

- **A tecnologia educativa** é definida pela Association for Educational Communications and Technology como "o estudo e a prática ética de facilitar a aprendizagem e melhorar o desempenho através da criação, utilização e gestão de processos e recursos tecnológicos adequados" [34]. [34]

Primeiras perguntas

De acordo com a literatura, a utilização de dispositivos móveis para fins educativos, utilizando diferentes métodos e dispositivos, tem sido efectuada em todo o mundo. Em todo o mundo, os alunos do ensino básico ao secundário estão a utilizar cada vez mais dispositivos sem fios avançados para colaborar com os seus pares, aceder a conteúdos digitais ricos e personalizar as suas experiências de aprendizagem. Sempre ligados, sempre conectados, os smartphones e os tablets oferecem aos estudantes de hoje uma porta de entrada omnipresente para um novo ecossistema de informações, especialistas e experiências, independentemente dos bens e recursos físicos da sua própria comunidade. Baran [35] apresenta um estudo que revê a investigação sobre a aprendizagem móvel na formação de professores e analisa 37 artigos. Na análise foram consideradas as seguintes categorias: domínio, tipo, método, fontes de dados, relações de fiabilidade, validade e confiança, tecnologia móvel utilizada e contexto nacional. Este estudo concluiu que não existem estudos sobre tecnologias móveis na educação, nomeadamente em instituições de ensino superior, em Portugal, o que o torna relevante e justificado.

Segunda pergunta

Quais são esses ingredientes? Podem ser divididos em três categorias: **liderança**, **estratégia** e **gestão das expectativas**. A maior parte das considerações de liderança sao simplesmente as melhores práticas habituais na gestão de mudanças e projectos. Estas incluem assegurar que todos os interessados estão na mesma página, que os objectivos estão claramente definidos e documentados, que as políticas e os procedimentos estão em vigor e que existe financiamento sustentável. Outras são um pouco mais difíceis.

Um elemento de liderança frequentemente negligenciado pelos distritos é ter uma visão muito clara do motivo pelo qual estão a implementar a aprendizagem móvel. Para além dos brinquedos brilhantes, do envolvimento e da eficiência, os distritos bem sucedidos estão a utilizar a aprendizagem móvel para mudar o ensino e a aprendizagem. Estes distritos centram-se na preparação dos alunos para trabalharem e viverem num mundo interligado que espera que eles sejam capazes de adquirir conhecimentos e competências completamente novos de poucos em poucos anos.

Terceira pergunta

(i) Ubiquidade/espontaneidade: A aprendizagem móvel é mais espontânea do que outros tipos de aprendizagem. É esta espontaneidade que é provavelmente a caraterística mais marcante da aprendizagem móvel. A aprendizagem móvel é sensível ao contexto, o que significa que os estudantes podem aprender em qualquer lugar. As tecnologias sem fios, como os computadores portáteis, os computadores de mão e os telemóveis, estão a revolucionar a educação e a transformar o ensino e a aprendizagem tradicionais em salas de aula num ensino a qualquer hora e em qualquer lugar [36].

(ii) O tamanho portátil das ferramentas móveis: As ferramentas móveis de aprendizagem são pequenas e portáteis [37]. Os alunos podem utilizá-las em qualquer lugar durante as suas actividades de aprendizagem.

(iii) Combinada: Os professores podem utilizar esta abordagem como parte de um modelo de aprendizagem combinada [38]. Os alunos podem utilizar ferramentas móveis para trabalhos de casa, projectos, etc. A aprendizagem mista, que combina a aprendizagem em sala de aula e a aprendizagem móvel, pode maximizar as vantagens dos métodos presenciais e em linha [39].

(iv) Privado: A aprendizagem móvel é privada. Isto significa que, em geral, apenas um aluno de cada vez tem acesso à ferramenta móvel e que, quando os alunos querem aceder à informação, ligam-se e descarregam independentemente dos outros alunos [40].

(v) Interactiva: Os alunos não são passivos, as funções das ferramentas e ambientes móveis permitem diferentes níveis de interatividade. [A camada tecnológica representa a aprendizagem como um envolvimento com a tecnologia, em que ferramentas como os computadores e os telemóveis funcionam como agentes interactivos no processo de aprendizagem.

(vi) Colaboração: As tecnologias móveis incentivam a comunicação entre alunos e professores. Por conseguinte, as tecnologias móveis podem ser utilizadas para actividades de aprendizagem em colaboração no ensino.

(vii) Informação instantânea: A utilização de uma ferramenta móvel tem tudo a ver com o imediatismo. De acordo com [42], a necessidade é de respostas rápidas a perguntas específicas. O conteúdo de aprendizagem deve refletir esta necessidade, fornecendo material que permita ao aprendente aceder rapidamente à informação. Exemplos de informação instantânea são definições, fórmulas e equações, etc.

Quarta pergunta

Aspectos negativos da aprendizagem móvel Os desafios cognitivos, sociais e físicos têm de ser ultrapassados quando os dispositivos móveis são integrados na aprendizagem das crianças. As desvantagens incluem o risco de distração ou de comportamentos pouco éticos, problemas de saúde física e questões de privacidade dos dados.

Normas e atitudes culturais Embora muitos especialistas acreditem que os dispositivos móveis têm um potencial considerável para transformar a aprendizagem das crianças, os pais e os professores aparentemente ainda não estão convencidos. Um estudo de 2008 do Joan Ganz Cooney Center, em colaboração com a Common Sense Media, concluiu que a maioria dos professores vê os telemóveis como distracções e acredita que não têm lugar nas escolas.

Atualmente, não existe uma teoria de aprendizagem móvel amplamente aceite para as tecnologias móveis, o que dificulta a avaliação, a pedagogia e a conceção eficazes de novas aplicações de aprendizagem.

Acesso diferenciado e tecnologia A grande variedade de tecnologias móveis representa um desafio para professores e alunos que pretendem acelerar os resultados da aprendizagem, bem como para os produtores que pretendem facilitar a aprendizagem.

Os atributos físicos limitados das tecnologias móveis mal concebidas afectam negativamente a usabilidade e podem distrair as crianças dos seus objectivos de aprendizagem. Os aspectos físicos das tecnologias móveis que podem impedir uma experiência de aprendizagem óptima incluem a introdução restrita de texto, o tamanho reduzido do ecrã e a duração limitada da bateria.

Resumo da terceira parte

Um novo fenómeno está a mudar a forma como os estudantes se ligam e aprendem atualmente. É o chamado mLearning (ou aprendizagem móvel). A aprendizagem móvel está a transformar o e-learning tradicional, permitindo que alunos e professores se liguem uns aos outros sem estarem presos a um computador de secretária tradicional. Com o mLearning, os alunos ligam-se utilizando telemóveis, PDAs, dispositivos portáteis de jogos, tablets, computadores portáteis e leitores de MP3. Utilizam estes dispositivos para aprender fora dos limites de uma sala de aula tradicional.a utilização do mLearning num ambiente educativo teria um efeito muito positivo na experiência de aprendizagem. Parece que as gerações futuras estão extremamente receptivas à utilização de novas tecnologias e, de facto, estão a abraçá-las. Com o aparecimento das redes sociais, dos blogues e do YouTube, os estudantes esperam poder utilizar a tecnologia móvel em tempo real para se ligarem em qualquer lugar e a qualquer hora do dia. No entanto, o ensino móvel não está isento de limites.

Parte 4

Análise estatística para o desenvolvimento da tecnologia M-Learning WAP para a comunidade estudantil no domínio da educação

Apresentações

Os desafios encontrados na utilização das novas tecnologias na sala de aula são numerosos, mas os contributos gerados com a sua resolução podem proporcionalmente fornecer práticas de ensino originais e eficazes, mais em sintonia com as necessidades de aprendizagem impacientes dos alunos. Este trabalho apresenta algumas estatísticas da Universidade Federal de Kazan / Rússia sobre a perceção da análise de dados dos alunos para ajudar os professores em aulas de disciplinas transversais que utilizam o m-learning.Analisamos a (categoria descreve a idade do aluno, a aceitação da aplicação em nuvem, formatada (interface do utilizador, perceção da aplicação WAP básica do aluno, as capacidades do telefone do aluno, a tabela da aplicação WAP cruzada com a interface móvel) e também descrevemos as características essenciais a implementar na aplicação. alguns espaços conceptuais Dimensões do m-learning foram consideradas

Os dispositivos móveis estão a tornar-se omnipresentes nos contextos educativos, ao ponto de ultrapassarem os outros dispositivos. Estas tendências estão a exercer uma enorme pressão sobre as escolas secundárias, os colégios e as universidades, que ainda não estão preparados para os utilizar como uma poderosa ferramenta de comunicação no ensino. Atualmente, a aprendizagem móvel na Rússia e na Ucrânia não está muito desenvolvida, uma vez que apenas se podem identificar algumas iniciativas nos sectores privado e universitário [43][44][45]. Uma das primeiras iniciativas de aprendizagem móvel na Rússia a mostrar resultados positivos foi um projeto ODP organizado entre outubro e dezembro de 2007 pela empresa Medium e pelo operador de telemóveis Beeline. No âmbito deste projeto, foi concebido e ministrado um curso de formação móvel intitulado "Planos de taxas de venda a crédito para particulares" a 30 funcionários que utilizaram um PDA HP IPAQ hx 2790 [46].

As políticas educativas restritivas, as barreiras económicas e os receios pessoais são obstáculos à adoção de tecnologias móveis para fins educativos. Embora a noção de espaço tenha sido abordada na literatura sobre m-learning [47][48][49], pouca discussão foi dedicada à intersecção destes mundos integrais.Kukulska-Hulme e colegas (2011), na sua discussão sobre o contexto em relação à mobilidade, referem-se ao espaço físico, concetual e social, entre outros elementos do sistema de m-learning. O artigo [50] fala da interação entre os mundos digital e físico e da forma como isso pode afetar a identidade e o contexto. Do mesmo modo, deSouza e Silva [9] examinam a relação entre espaços físicos e digitais e a forma como estes constituem espaços híbridos interligados. Tendo em conta a sobreposição e as ligações das categorias mencionadas, o quadro que se segue tentou separar as dimensões mais importantes do ecossistema de aprendizagem móvel nos seguintes espaços conceptuais fundamentais (ver Quadro 1).

Quadro 1: Dimensões do ecossistema m-learning nos seguintes espaços conceptuais chave

Área M-Learning	**Dimensões/definição do espaço**	**Exemplos**
Espaço temporal	Tempo e duração da aprendizagem: tempo morto ou evento/atividade durante o qual a aprendizagem tem lugar. ambos são breves momentos de aprendizagem ad hoc. e períodos de aprendizagem mais longos (Quando? Quanto tempo? Quando?)	Entre aulas, numa viagem de autocarro, a passear o cão, numa conferência, etc.
Espaço físico	Local, posição, localização* da aprendizagem, incluindo coordenadas geográficas, disposição, circunstâncias relevantes, contexto físico (contendo informação integrada no contexto) e limites do local. (Onde? Qual a disposição? Em que contexto físico? limites)	Na aula, no autocarro, numa fila de espera, em casa, no museu

Área de transação • Intrapessoal • Pessoal • Interpessoal (social e público)	**Espaço intrapessoal**: as actividades que têm lugar no interior do eu individual e os processos de aprendizagem interna que ocorrem na mente individual; a zona íntima do "meu espaço privado interior". **Espaço pessoal**: uma intersecção entre o intra e o intra-espaço	**Intrapessoal**: pensamentos, ideias, reflexões, comunicações, processos internos a um indivíduo. **Pessoal**: correio eletrónico, jogo de vídeo móvel individual/único, leitura de um livro,

	regiões interpessoais: zona onde têm lugar as interacções com acções, artefactos e informações externas, aparecem ferramentas; a zona intermédia do "meu próprio espaço privado externo"; os indivíduos ainda não entram numa transação com outros, mas interagem com o ambiente de aprendizagem e os seus elementos Intrapessoal e pessoal são ambos espaços privados **Espaço interpessoal (partilhado)**: os espaços sociais e públicos em que a aprendizagem tem lugar, sendo o espaço público a área mais vasta (interação e associação com públicos mais vastos) e o espaço social reservado à partilha, ao intercâmbio e à comunicação no seio de uma comunidade estabelecida ou ad hoc (quem? com quem? para quem? de quem?).	ver televisão sozinho, ouvir podcasts, escrever, tirar fotografias **Interpessoal**: cidade, sala de aula, Facebook, MOOC, comboio, café, telemóvel jogo

Espaço tecnológico	Os facilitadores tecnológicos da aprendizagem móvel incluem ferramentas móveis, conetividade e rede/web, capacidade de computação, capacidades de software. O espaço tecnológico inclui o espaço virtual	Aplicações móveis, Internet, telefonia, câmara integrada, Wi-Fi, computação em nuvem, realidade aumentada
	onde a informação digital é armazenada na rede ou nos dispositivos pessoais e onde se processa a interação entre este conteúdo, a tecnologia e os seus utilizadores (como? utilizando que ferramentas?).	
Área de ensino	Teorias e abordagens da aprendizagem, nomeadamente estratégias, actividades e procedimentos, tais como bem como os conteúdos e equipamentos, andaimes e meios de comunicação (Como? O quê? Porquê? O quê? Quem? Qual o conceito de m- learning? Que materiais?)	Aprendizagem sentada, teoria da atividade, construtivismo ecológico, contextaware actividades, tarefas de avaliação

Analisar o estado da educação moderna e as tendências do desenvolvimento social

De acordo com [51]. Considerámos os problemas e as suas soluções a partir de três fontes: a sociedade, o próprio sistema educativo e a personalidade do professor, mas todos estes elos estão inseparavelmente ligados.

Identificaram como principais problemas: a perda de prestígio da educação, que está diretamente relacionada com a ideia de um "abrandamento da qualidade da educação". O estudo sobre a qualidade do ensino realizado pelo Centro Levada revelou que quase metade dos cidadãos russos (45%) não estão satisfeitos com o atual sistema de ensino do país. Além disso, 37% dos cidadãos consideram que a qualidade do ensino se deteriorou nos últimos anos.

O problema do ensino superior russo

As universidades russas estão atualmente a tentar introduzir sistemas de formação informatizados, manuais electrónicos e obras de referência. Estão a ser criados ambientes virtuais, vídeos de formação digital, gravações de som e bibliotecas electrónicas.

Relativamente a este último ponto, os autores do artigo admitem que existem graves problemas jurídicos que dificultam o desenvolvimento das bibliotecas. Por exemplo, não existem regulamentos legais claros que tenham em conta os interesses privados dos autores e dos detentores de direitos; não existe uma solução para a questão do acesso remoto aos recursos da biblioteca. Além disso, não existe na Rússia um software universal para aceder ao acervo das bibliotecas e aos recursos electrónicos da universidade.

Existe uma diferença na oferta de tecnologias da informação e da educação entre as grandes universidades federais e as universidades regionais. Enquanto em Moscovo, São Petersburgo, Rostov, Ekaterinburgo, Kazan e outras cidades, os programas de ensino são em grande parte fornecidos com informação digital e software, as universidades regionais são limitadas neste contexto e as TI só são utilizadas para fins de avaliação, especialmente no contexto das disciplinas humanitárias.

Ao mesmo tempo, o desenvolvimento e a aplicação de tecnologias de aprendizagem inovadoras nas universidades regionais russas estão, por vezes, a dar passos decisivos. Por exemplo, os serviços educativos em linha foram consideravelmente desenvolvidos na Universidade Estatal do Sudoeste. Há alguns anos, foi desenvolvida uma biblioteca de simuladores interactivos dinâmicos "Mentor" no Departamento de Gestão da Inovação. Não tem equivalente na Rússia ou no estrangeiro. Estes simuladores de dados são uma ferramenta para o desenvolvimento prático das disciplinas de economia e gestão. Ajudam os estudantes a aprender a pensar em modelos baseados em tecnologias de informação cognitivas complexas para a aplicação prática das modernas tecnologias de informação e comunicação.

métodos e sistemas quantitativos para a gestão da inovação nas empresas.

Por conseguinte, o desenvolvimento destas qualidades é extremamente importante para melhorar o mecanismo associativo. Os simuladores de formação inteligente "Mentor" foram criados para ativar a interação acima referida, uma vez que utilizam simulações de modelos dinâmicos. A formação baseada na simulação promove os mecanismos de interação das associações e generalizações, eliminando imagens intermédias desnecessárias [52].

No entanto, as realizações acima referidas no domínio do desenvolvimento de tecnologias educativas inovadoras não são comuns na Rússia. Infelizmente, de acordo com numerosos inquéritos, não mais de 20% dos programas de ensino superior na Rússia baseiam-se em recursos educativos digitais e em métodos de utilização desses recursos.

As principais causas deste fenómeno são as seguintes:

□ A falta de coordenação das acções destinadas a melhorar a qualidade da aprendizagem através da utilização das tecnologias da informação.

Problemas associados à melhoria do apoio regulamentar, organizacional, metodológico e de recursos.

□ As universidades utilizam software baseado em normas diferentes. Este processo dificulta o intercâmbio efetivo de informação entre as universidades. Consequentemente, a integração no sistema global de aprendizagem eletrónica implementado com base em normas internacionais é também dificultada.

A falta de preparação dos professores para a utilização da informática educativa.

No entanto, o impacto enriquecedor das tecnologias da informação e da educação é estimado na Rússia. As novas tecnologias estão a levar a educação a um novo nível de inovação, permitindo que a informação seja recebida através de vários canais de comunicação e, consequentemente, aumentando a sua eficácia.

A educação inovadora é impossível sem a criação de uma infraestrutura adequada. Isto implica uma grande quantidade de trabalho associado ao desenvolvimento de centros de transferência de tecnologia criados com base em centros de investigação públicos, institutos da Academia de Ciências da Rússia, institutos subsidiários e estabelecimentos de ensino superior na Federação Russa. As fases importantes do desenvolvimento são: a criação de fundos extra-orçamentais das autoridades executivas federais para financiar a inovação; a elaboração de procedimentos para a obtenção de fundos de organizações científicas especializadas e de instituições de ensino superior recolhidos através da participação do Estado em fundos regionais de capital de risco; a implementação de um sistema multinível de formação, reciclagem e formação avançada de especialistas para a inovação na educação, na ciência e na indústria.

Recolha e análise de dados

O investigador planeia que os estudantes universitários de várias disciplinas do Instituto de Matemática Computacional e Tecnologia da Informação/Departamento de Tecnologia de Programação da Universidade de Kazan respondam aos questionários. Com efeito, verificou-se que os estudantes universitários têm uma elevada taxa de penetração na utilização de telemóveis devido a uma infraestrutura de telecomunicações de elevada qualidade. A amostra global para esta investigação foi de 135 inquiridos. A dimensão da amostra foi limitada para permitir uma recolha de dados mais rápida e mais fácil, a fim de facilitar a análise. O estudo terá lugar no Instituto de Matemática Computacional e Tecnologia da Informação/Departamento de Tecnologia de Programação da Universidade de Kazan e os estudantes da universidade serão seleccionados com base na sua capacidade de preencher um questionário.

Projectos educativos e de investigação

A investigação educacional atual sobre a utilização de telemóveis em contextos educativos pode ser dividida em quatro grandes categorias:

1. Estudos de inquérito que examinam as atitudes dos estudantes em relação à aprendizagem em linha.

2. Os estudos que analisam características educativas específicas são essenciais para a implementação da aplicação para telemóveis.

3. Estudos que examinam a utilização das capacidades gerais já existentes do telemóvel para fins educativos.

4. Foram mencionados artigos teóricos que fornecem orientações de conceção e especificações de modelos para o desenvolvimento do ensino por telemóvel.

Questionários

Os questionários são frequentemente vistos como uma forma económica e conveniente de recolher dados de um grande número de participantes. Um questionário bem concebido pode recolher informações sobre o desempenho global da aplicação, bem como informações sobre componentes específicos.

As questões demográficas sobre os participantes no questionário podem ser analisadas para fornecer informações adicionais que associem o desempenho ou a satisfação dos utilizadores a grupos de utilizadores com características diferentes. Foi utilizado um questionário para recolher dados empíricos para esta investigação, a fim de investigar as respostas à nossa questão de investigação.

Quadro 2: Tabulação cruzada grupo etário * género

Que categoria corresponde à sua idade?

	Frequência y^c	Percentagem	Válido Percentagem	Acumulado e Percentagem
18-20	53	42.7	42.7	42.7
21 23	27	21.8	21.8	64.5
Válido de 24 a 26	20	16.1	16.1	80.6

	27 anos ou mais	24	19.4	19.4	100.0
	Total	124	100.0	100.0	

A Tabela 2 é uma tabulação cruzada da faixa etária e do género dos participantes no estudo e a Figura 4.1. é uma representação visual desta relação. Esta relação mostra que, de um total de 124 participantes no estudo, 53 têm entre 18 e 20 anos, 27 têm entre 21 e 23 anos, 20 têm entre 24 e 26 anos e 24 têm 27 anos ou mais.

Quadro 3 Interface do utilizador

Penso que o sistema de aprendizagem móvel deve fornecer informações legíveis, claras e bem formatadas (interface do utilizador).

		Frequência	Percentagem	Válido Percentagem	Percentagem acumulada
Válido	Concordo um pouco	121	97.6	97.6	97.6
	Afinação	2	1.6	1.6	99.2
	Neutro	1	.8	.8	100.0
	Total	124	100.0	100.0	

A Tabela 3 é uma representação visual da distribuição de frequências das respostas dos participantes no inquérito às perguntas sobre se os estudantes consideram que o sistema de aprendizagem móvel deve fornecer informações legíveis, claras e bem formatadas (interface do utilizador). Como se pode ver, de um total de 124 inquiridos que participaram no inquérito, 121 (97,6%) responderam "tendem a concordar" que acham que o sistema de aprendizagem móvel deve fornecer informações legíveis, claras e bem formatadas, 2 (1,6%) responderam "concordo" e 1 (0,8%) respondeu "neutro".

Quadro 4 aplicações na nuvem

Acha que seria útil utilizar uma aplicação na nuvem (como o DropBox) ligada ao seu estilo educativo para (abrir - editar - partilhar - guardar) o seu documento educativo?

		Frequência	Percentação	Válido Percentagem	Percentagem acumulada
Válido	Não é muito útil	2	1.6	1.6	1.6
	Neutro (utilidade incerta)	3	2.4	2.4	4.0
	Bastante útil	45	36.3	36.3	40.3
	Extremamente útil	74	59.7	59.7	100.0
	Total	124	100.0	100.0	

A Tabela 4 é uma representação visual da distribuição de frequências das respostas dos participantes à pergunta "Acha que seria útil utilizar uma aplicação na nuvem (como o DropBox) relacionada com o seu estilo de ensino para (abrir - editar - partilhar - guardar) o seu documento de ensino?" Como se pode ver, de um total de 124 pessoas que participaram no inquérito, 2 (1,6%) responderam "Pouco útil", 3 (2,4%) responderam "Neutro", 45 (36,3) responderam "Bastante útil" e 74 (59,7%) responderam "Extremamente útil".

Quadro 5: Desenvolvimento de uma aplicação móvel WAP básica
Estou atualmente a planear desenvolver uma aplicação móvel WAP.

		Frequência y^c	Percentagem	Válido Percentagem	Acumulado Percentagem
Válido	Muito útil	102	82.3	82.3	82.3
	Útil	19	15.3	15.3	97.6
	Não sei	3	2.4	2.4	100.0
	Total	124	100.0	100.0	

A Tabela 5 acima é uma representação visual da distribuição de frequência das respostas dos participantes na investigação sobre o que os alunos pensariam se planeássemos desenvolver uma aplicação móvel WAP. Trata-se de um sítio Web móvel que proporciona um ambiente de aprendizagem em linha onde decorre o processo de ensino/aprendizagem em linha: o ambiente de aprendizagem em linha permite que os alunos descarreguem materiais do curso e notas de aula, publiquem tarefas e mensagens, interajam com outros alunos e professores, entre outras coisas. Os alunos também podem receber feedback e avaliações publicadas no sítio Web do curso, ler notícias e anúncios do departamento... etc. Como vimos, de um total de 124 inquiridos que participaram no inquérito, 102 (82,3%) escolheram "muito útil", 91 (15,3%) escolheram "útil" e 3 (2,4%) escolheram "não sei".

O quadro 6 utiliza o

Com que frequência será utilizada a aplicação?

		Frequência	Percenção	Válido Percentagem	Acumulado Percentagem
semana Válido	Todos os dias	115	92.7	92.7	92.7
	Algumas vezes por	7	5.6	5.6	98.4
	Algumas vezes por mês	2	1.6	1.6	100.0
	Total	124	100.0	100.0	

A Tabela 6 apresenta uma distribuição de frequências das respostas dos participantes à pergunta sobre a frequência com que os alunos irão utilizar a aplicação. Como se pode ver nas tabelas acima, 115 (92,7%) dos participantes utilizarão a aplicação "todos os dias", 7 (5,6%) utilizarão a aplicação "algumas vezes por semana" e apenas 2 (1,6%) utilizarão a aplicação "algumas vezes por mês".

Tabela 7 Leitura de ficheiros

O seu telemóvel consegue ler/abrir ficheiros?

	Frequência	Percentagem	Válido Percentagem	Acumulado ve Percentag
Sim, todos	121	97.6	97.6	97.6
Válido sim, alguns deles	3	2.4	2.4	100.0
Total	124	100.0	100.0	

A Tabela 7 apresenta a distribuição de frequências das respostas dos participantes às seguintes perguntas O seu telemóvel consegue ler/abrir os seguintes ficheiros (documento Word, documento PDF, documento Excel, documento Power Point, ficheiros de vídeo, ficheiros áudio, fotografias/gráficos)? Como se pode ver nas tabelas acima, dos 124 alunos, 121 (97,6%) responderam "sim, todos" e 3 (2,4%) responderam "sim, alguns".

Quadro 8 Ligação à Internet

Qual prefere utilizar para se ligar à Internet?

	Frequência	Percentagem	Válido Percentagem	Percentagem acumulada
Wi-Fi	110	88.7	88.7	88.7
Dados móveis válidos	14	11.3	11.3	100.0
Total	124	100.0	100.0	

A Tabela 8 apresenta a distribuição de frequência das respostas dos participantes às perguntas Que tipo de dispositivo prefere utilizar para se ligar à Internet (Wi-Fi, dados móveis)? Como mostram as tabelas acima, dos 124 alunos, 110 (88,7%) responderam "Wi-Fi", e 14 (11,3%) responderam "dados móveis".

Quadro 9 Tabulação cruzada da interface e da dimensão do ecrã

O tamanho e a resolução do seu ecrã são suficientemente confortáveis para utilizar as aplicações? Que tipo de interface seria mais adequado para um sítio Web com acesso móvel (simples ou complexo)?

	Que tipo de deve ser o mais adequado para sítio Web para acesso móvel (Simples ou Complexo)		Total
	Simples	Completo x	

Sim	82	30	112
Não O tamanho e a resolução do seu ecrã são confortáveis?	0	2	2
o suficiente para utilizar o Não$_{oo}$ muito (normal)	6	4	10
Total	88	36	124

A tabela 9 apresenta uma tabulação cruzada das percepções dos inquiridos sobre o tipo de interface mais adequado para um sítio Web de acesso móvel (simples ou complexa) e o tamanho e a resolução do ecrã, suficientemente confortável para utilizar as aplicações. (simples ou complexa) e o tamanho e a resolução do ecrã, suficientemente confortável para utilizar as aplicações. A relação mostra que, de um total de 124 participantes no estudo, 112 responderam "sim" à confortabilidade do tamanho e da resolução do seu ecrã (dos quais 82 disseram que uma interface simples era a mais adequada e 30 disseram que uma interface complexa era a mais adequada) e 2 responderam "não" à confortabilidade do tamanho e da resolução do seu ecrã (dos quais 2 disseram que uma interface complexa era a mais adequada).

Quadro 10 características essenciais a implementar na aplicação

Estas funcionalidades são essenciais para implementar na aplicação (início de sessão, criação de uma conta, controlo da aplicação pelo administrador, adição/leitura de uma mensagem, descarregamento, passagem para funções em nuvem, correio eletrónico da escola, receção de notas por mensagem de texto/email).

		Frequên cia y^c	Percen tagem	Válido Percentag em	Acumulad oe Percentage m
	Concordo um pouco	89	71.8	71.8	71.8
	Afinação	30	24.2	24.2	96.0
Válido	Neutro	2	1.6	1.6	97.6
	Sem acordo	3	2.4	2.4	100.0

Total	124	100.0	100.0	

A Tabela 10 apresenta a distribuição de frequências das respostas dos participantes às perguntas Esta funcionalidade é essencial para implementar na aplicação (início de sessão, criação de uma conta, controlo administrativo da aplicação, adicionar/ler uma mensagem, carregar), Como se pode ver nas tabelas acima, dos 124 alunos, 89 (71,8%) responderam "Concordo totalmente", 30 (24,2%) responderam "Concordo" e apenas 3 (2,4%) responderam "Discordo".

Resumo da segunda parte

Para obter resultados eficazes e o máximo desempenho dos estudantes que utilizam a aprendizagem móvel na educação, cada um dos elementos da aprendizagem móvel deve ser cuidadosamente preparado, e as características da aprendizagem móvel devem ser planeadas e preparadas com conhecimento do meio de ensino, do ambiente de aprendizagem e das actividades de aprendizagem. Caso contrário, não se podem esperar resultados positivos da aplicação móvel. Estas razões motivaram os autores a realizar este estudo. O aluno, o professor, o ambiente, o conteúdo e a avaliação são os elementos básicos de uma aprendizagem móvel completa. As principais características da aprendizagem móvel são a ubiquidade, o tamanho portátil das ferramentas móveis, a informação mista, privada, interactiva, colaborativa e instantânea. Este estudo levantou questões importantes sobre as características e os elementos da aprendizagem móvel. Estas foram observadas e as possibilidades de integração da tecnologia móvel na educação foram discutidas.

A melhor forma de começar a utilizar a aprendizagem móvel é fazê-lo. É uma boa ideia começar com pouco. Pode fazer algo simples - para uma pequena equipa;

- escolher os frutos que são mais fáceis de colher ;
- colocar conteúdos em linha e optimizá-los para o acesso móvel ;
- fornecendo listas de verificação para ajudar no desempenho ou informações sobre telemóveis;
- converter um cálculo complexo numa aplicação móvel ;
- criar um livro de recordações para apoiar uma oficina de formação de 3 dias.

O importante não é fazer qualquer coisa, mas sim fazê-la. É a experiência de o fazer que permite planear melhor e mais. Mais importante ainda, permite que uma organização faça evoluir a sua iniciativa de aprendizagem móvel de acordo com o próprio domínio, incorporando as últimas funcionalidades ao nível em que as pode assimilar.

Referência

O. Park, e J. Lee. Adaptive Instructional Systems. Em Jonassen, D.H. (ed.) Handbook of Research on Educational Communications and Technology (2ª ed.), AECT, 2004.

P. Brusilovsky. Developing Adaptive Educational Hypermedia Systems: from Design Models to Authoring Tools. Em Murray T., Blessing S., & Ainsworth S. (Eds.), Authoring Tools for Advanced Technology Learning Environment, Dordrecht: Kluwer Academic Publishers, 2003, pp. 377-410.

Xavier Amatriain e Deepak Agarwal. 2016. Tutorial: Lições aprendidas com a construção de sistemas de recomendação da vida real. Em Proceedings of the 10th ACM Conference on Recommender Systems (RecSys '16). ACM, Nova Iorque, NY, EUA, 433-433. DOI:hSp://dx.doi.org/10.1145/2959100.2959194

XianXing Zhang, Yitong Zhou, Yiming Ma, Bee-Chung Chen, Liang Zhang e Deepak Agarwal. GLMix: modelos mistos lineares generalizados para previsão de resposta em grande escala. Nos Anais do KDD 2016. 363-372. DOI:hSp: //dx.doi.org/10.1145/2939672.2939684

Deepak Agarwal, Bo Long, Jonathan Traupman, Doris Xin e Liang Zhang. LASER: Uma plataforma de previsão de resposta escalável para publicidade online. Nos Anais do WSDM 2014. 173-182. DOI:hSp://dx.doi.org/10.1145/2556195. 2556252

Jerome H. Friedman. 2000. Greedy function approximation: A Gradient Boosting Machine. Annals of Statistics 29 (2000), 1189-1232.

J. BenneS e S. Lanning. 2007. Prémio OEe Net/ix. Em Proceedings of the KDD Cup 2007 Workshop. 3-6.

Yehuda Koren. Factorização e vizinhança: filtragem colaborativa com múltiplas facetas Modelo. Em Proceedings of KDD 2008. 426-434. DOI:hSp : //dx.doi.org/10.1145/1401890.1401944

Simon Funk. 2006. Atualização Net/ix: Experimente isto em casa. (2006).

Deepak Agarwal e Bee-Chung Chen. Modelos de factores latentes baseados em regressão. Em Proceedings of KDD 2009. 19-28. DOI:hSp://dx.doi.org/10.1145/1557019. 1557029

Ste,en Rendle. 2012. Factorização de máquinas com libFM. ACM Trans. Intell. Syst. Technol. 3, 3, Artigo 57 (maio de 2012), 22 páginas.

Alex Beutel, Ed H. Chi, Zhiyuan Cheng, Hubert Pham, e John Anderson. 2017. Para além do ótimo global: Aprendizagem focada para recomendações melhoradas. Nos Anais da 26ª Conferência Internacional sobre a World Wide Web (WWW '17).

Roy Levin, Hassan Abassi e Uzi Cohen. 2016. Guided Walk: Um Algoritmo de Recomendação Escalável para Redes Sociais Heterogéneas Complexas. Nos Anais da 10ª Conferência da ACM sobre Sistemas de Recomendação (RecSys '16). ACM, Nova Iorque, NY, EUA, 293-300. DOI:hSp://dx.doi.org/10.1145/2959100. 2959143

Ste,en Rendle, Christoph Freudenthaler, Zeno Gantner, e Lars Schmidt- OEieme. 2009. BPR: Classificação Bayesiana Personalizada a partir de Feedback Implícito. In Proceedings of the Twenty-Fijh Conference on Uncertainty in Arti.cial Intelligence (UAI '09). AUAI Press, Arlington, Virgínia, EUA, 452-461. hSp://dl.acm.org/citation.cfm?id=1795114.1795167

Allison J.B. Chaney, David M. Blei e Tina Eliassi-Rad. 2015. Um modelo probabilístico para usar redes sociais na recomendação personalizada de itens. In Proceedings of the 9th ACM Conference on Recommender Systems (RecSys '15). ACM, Nova Iorque, NY, EUA, 43-50. DOI:hSp://dx.doi.org/10.1145/2792838.2800193

Bikash Joshi, Franck Iutzeler e Massih-Reza Amini. 2016. Factorização matricial distribuída assíncrona com regularização baseada em utilizadores e itens semelhantes. Nos Anais da 10ª Conferência da ACM sobre Sistemas de Recomendação (RecSys '16). ACM, Nova Iorque, NY, EUA, 75-78. DOI:hSp://dx.doi.org/10.1145/2959100. 2959161

Hongning Wang, Xiaodong He, Ming-Wei Chang, Yang Song, Ryen W. White, e Wei Chu. Adaptação do modelo de classificação personalizada para pesquisa na web. Em Proceedings of SIGIR 2013. 323-332. DOI:hSp://dx.doi.org/10.1145/2484028.2484068

Kilian Weinberger, Anirban Dasgupta, John Langford, Alex Smola e Josh ASenberg. Feature Hashing for Large Scale Multitask Learning. Nos Anais do ICML 2009. 1113-1120. DOI:hSp://dx.doi.org/10.1145/1553374.1553516

Olivier Chapelle, PannagadaSa Shivaswamy, Srinivas Vadrevu, Kilian Weinberger, Ya Zhang e Belle Tseng. 2011. Boosted multi-task learning. Machine Learning 85, 1 (2011), 149-173.

Xia Ning e George Karypis. 2010. Aprendizagem multitarefa para sistemas de recomendação. Journal of Machine Learning Research 13 (2010), 269-284.

Xavier Amatriain, Neal Lathia, Josep M. Pujol, Haewoon Kwak e Nuria Oliver. 2009. OEe Wisdom of the Few: Uma abordagem de filtragem colaborativa baseada em opiniões de especialistas da Web. In Proceedings of the 32Nd International ACM SIGIR Conference on Research and Development in Information Retrieval (SIGIR '09). ACM, Nova Iorque, NY, EUA, 532-539. DOI:hSp://dx.doi.org/10.1145/1571941.1572033

Yoshua Bengio, Jer' ome Louradour, Ronan Collobert e Jason Weston. 2009. Curriculum Learning". In Proceedings of the 26th Annual International Conference on Machine Learning (ICML '09). ACM, Nova Iorque, NY, EUA, 41-48. DOI:hSp: //dx.doi.org/10.1145/1553374.1553380

Saylor, Michael (2012). A onda móvel: como a inteligência móvel vai mudar tudo. Perseus Books/Vanguard Press. p. 176. ISBN 978-1593157203.

Maniar, N., Bennett, E., Hand, S. e Allan, G. (2008). The effect of mobile phone screen size on video based learning (O efeito do tamanho do ecrã do telemóvel na aprendizagem baseada em vídeo). Journal of Software, 3(4), 51-61. Obtido em http://ojs.academypublisher.com/index.php/jsw/ article/view/03045161/974

Elias, T. (2011). Princípios de design instrucional universal para o Moodle. Revista Internacional de Investigação em Ensino Aberto e à Distância 11(2). Recuperado de http://www.irrodl.org/index.php/irrodl/article/ view/869

Crescente, Mary Louise; Lee, Doris (2011). "Questões críticas do M-Learning: modelos de conceção, processos de adoção e tendências futuras". Jornal do Instituto Chinês de Engenheiros Industriais 28 (2): 111-123.

BROWN, H. D. (1995). Teaching by principles. Englewood Cliffs, NJ: Prentice Hall.

Kemp, I. e Seagraves, L. (1995). Competências transferíveis - Poderá o ensino superior proporcionar essas competências?
Estudos sobre o Ensino Superior, 20(3), 315-328.

Hawkins, J., e Collins, A. (no prelo). Design experiments in educational technology. Nova Iorque: Cambridge University Press.

Avdor, S. (2001). Universidades e escolas de formação de professores como ambientes de preparação de professores. A comparative study of knowledge base and educational approaches as reflected in prospective teachers' perceptions of their preparation for secondary school teaching, tese de doutoramento, Universidade Hebraica, Jerusalém (hebraico).

Lucy, T. (2004) Management information system. Prentice- hall 9ª Ed.

Mahdi, Magdy Salah al. (2008) basic learning , its philosophy, its components, application opportunities, Alexandria : Dar new university 0,85

Harthy, Mohamed Ben Attia (2008). Mobile learning, investigação realizada na Universidade King Saud, Riade jornal purpúreo 20/1/2008

(*Robinson, Rhonda; Molenda, Michael; Rezabek, Landra. "Facilitando a aprendizagem" (PDF). Associação de Comunicação e Tecnologia Educacional).*

Baran, E. (2014). Uma revisão da investigação sobre a aprendizagem móvel na formação de professores. Tecnologia Educacional e Sociedade, 17 (4), 17-32.

Shuler, C. (2009). Pockets of Potential: Using Mobile Technologies to Promote Children's Learning, Nova Iorque: The Joan Ganz Cooney Center at Sesame Workshop.

O'Malley, J. M. e Chamot, A. U. (1990). Learning strategies in second language acquisition. Cambridge: Cambridge University Press.

Nadire Cavus, Dogan Ibrahim, Learning English using children's stories in mobile devices, *British Journal of Educational Technology*, 2016, n/a.

Quinn, C. (2000, outono). mLearning: mobile, wireless, In-Your-Pocket Learning. Line Zine. de <http:// www/linezine.com/2.1/features/Cqmmwiyp.htm>.

Virvou, M. (2002). Uma teoria cognitiva numa ferramenta de autoria para sistemas tutores inteligentes. Em Actas da conferência internacional do IEEE sobre sistemas humanos e cibernética 2002 (SMC'02) (Vol. 2, pp. 410-415).

Mike Sharples, Josie Taylor, Giasemi Vavoula. Uma teoria da aprendizagem para a era móvel. R. Andrews e C. Haythornthwaite. The Sage Handbook of Elearning Research, publicações Sage, pp.221-247, 2006.

Cohen, A (2010). Características da aprendizagem móvel eficaz. de <http://www.bram-scape.com/ blog/2010/09/characteristics-of-effective-mobile-learning/>.

Golitsyna I., (2011) Mobile learning as new technology in education, Educational Technology and Society, janeiro de 2011, Obtido em 29 de outubro de 2012, de http://ifets.ieee.org/russian/depository/v14_i1/html/Lhtm

Bugaychuk K.,(2012) Mobile learning: essence and models of introduction in educational process of higher educational establishments MIA of Ukraine 2012, Information technologies and Learning tools, North America, 27, March 2012.Retrieved October 24, 2012, from http://journal.iitta.gov.ua/index.php/itlt/article/view/619/480

Academia Eslavo Greco-Latina (2012). M-learning com Android 4.0, Sítio oficial da Academia Eslavo Greco-Latina. Obtido em 21 de outubro de 2012, de http://sgla.ru/action_android.php

Websoft-elearning (2008). Russia has an m-learning, E-learning technologies 16 de abril de 2008. Acedido em 30 de setembro de 2012 em http://websoft-elearning.blogspot.com/2008/04/m- learning.html

Arminen I. (2009). Novas razões para a comunicação móvel: Intensificação da geografia tempo-espaço na era móvel. Em R. Ling e S.W. Campbell (Eds.), The reconstruction of space and time: Mobile communication practices (P. 89 - 108). Transaction Pub.

Kukulska-Hulme A., Sharples M., Milrad M., Arnedillo-Sanchez I. e Vavoula G. (2011). A génese e o desenvolvimento da aprendizagem móvel na Europa. In D. Parsons (Ed.), Combining e-learning and m-learning: New applications.
of blended educational resources (P. 151 - 177). Hershey, PA: Information Science Reference (uma marca IGI Global).

Squire K. (2009). Mobile media learning: Multiplicities of place. On the Horizon, 17(1), 70-80, Obtido em http://emeraldinsight.com

Traxler J. (2011). Identidade e contexto - O leitor e a leitura. Novos media, novas literacias e novas formas de aprendizagem. Instituto de Educação, Londres. Recuperado de http://blogs.ubc.ca/newliteracies/files/2011/12/Traxler.pdf

de Souza e Silva, A. (2006). Do cibernético ao híbrido: As tecnologias móveis como interfaces de espaços híbridos. Espaço e Cultura, 9, 261. doi:10.1177/1206331206289022

Shinkorenko A, Filatova E (2014). Problemas do moderno sistema educacional russo. Em Young Scientist USA (p. 163). Auburn, WA: Lulu Press.

MIX
Papier aus verantwortungsvollen Quellen
Paper from responsible sources
FSC® C105338

Printed by Books on Demand GmbH, Norderstedt / Germany